EXPOSITION UNIVERSELLE DE 1867
A PARIS

RAPPORTS DU JURY INTERNATIONAL

PUBLIÉS SOUS LA DIRECTION

DE M. MICHEL CHEVALIER

BIBLIOTHÈQUES

PAR

M. DE MOFRAS.

PARIS
IMPRIMERIE ET LIBRAIRIE ADMINISTRATIVES DE PAUL DUPONT
45, RUE DE GRENELLE-SAINT-HONORÉ 45.

1867

BIBLIOTHÈQUES

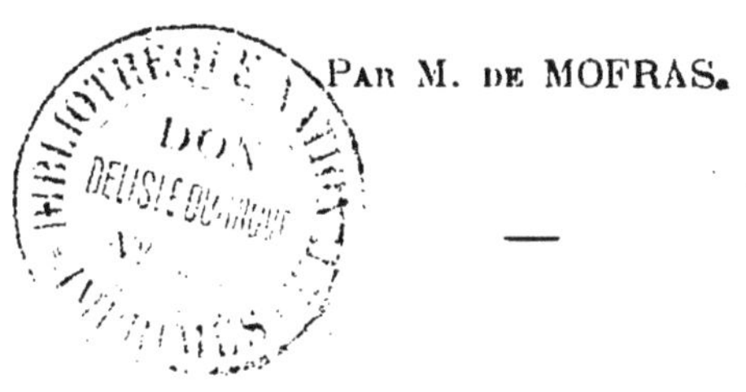

PAR M. DE MOFRAS.

—

§ 1. — Organisation des bibliothèques scolaires et communales.

Parmi les pensées généreuses qui ont présidé à la création des diverses classes du Groupe X et de la classe 90 en particulier, il n'en est aucune qui ait une portée plus élevée que celle relative à la formation des bibliothèques populaires. En effet, aux sages préceptes des pères de famille, des membres du clergé et de ceux du corps enseignant, il faut joindre la diffusion de bons livres qui puissent servir de contre-poison à la littérature malsaine, clandestinement répandue dans les ateliers et dans les campagnes. Les organisateurs des Expositions de 1851 et 1855 ne s'occupèrent point des bibliothèques, et ce ne fut qu'en 1862, à l'Exposition Universelle de Londres, qu'on les vit figurer dans la section VI, à la classe 29, confondues avec les autres branches de l'instruction élémentaire. Un rapport très-complet, dû à la plume de notre collègue, M. Charles Robert, conseiller d'État, alors membre du Jury international et aujourd'hui président de la classe 90, nous a fait connaître la situation à cette époque (1).

(1) *Rapport de la section française du Jury international à l'Exposition Universelle de Londres*, vol. VI, p. 158. Paris, 1862

Dès 1848, il existait à Vienne une Société ayant pour but de répandre les bons livres sur tous les points de la monarchie autrichienne, et de fonder des cercles de lecture (*Lesezirkel*) qui pussent rendre les mêmes services que l'Allemagne devait depuis longtemps à ses cercles de chant (*Liederkranz* et *Cœcilienverein*). En Prusse, en Saxe, en Hanovre, dans le Wurtemberg, il se créait des établissements semblables. En Angleterre, un acte du Parlement fut rendu, le 30 juillet 1855, pour favoriser l'établissement de bibliothèques et de musées libres dans les villes et les provinces (1). En France, en 1861, la Société des amis de l'instruction fondait à Paris une bibliothèque populaire, imitant l'exemple des Sociétés de Mulhouse, de Colmar et de Guebwiller; enfin, le 1er juin 1862, un arrêté du ministre de l'Instruction publique créa les bibliothèques des campagnes et décida que chaque école communale aurait sa bibliothèque; que les prêts de livres aux élèves et aux particuliers seraient entièrement gratuits, et les ouvrages expédiés aux communes sans aucun frais de port ni d'emballage. Ajoutons que les intentions du ministre ont été secondées avec empressement par toutes les Compagnies de chemins de fer qui transportent, à moitié prix, les caisses adressées aux municipalités. Afin que le choix des livres présente toutes les garanties nécessaires, le ministre en a chargé une Commission présidée par le secrétaire général de son département, et qui est composée de membres de l'Institut, de professeurs, d'hommes de lettres et d'ecclésiastiques appartenant aux divers cultes.

Laissant de côté les bibliothèques, dont la fondation est due à l'initiative des sociétés particulières, et dont la statistique n'est point établie, nous ferons remarquer qu'il résulte d'un document officiel soumis au ministre de l'Instruction publique, que, au 1er novembre 1865, il y avait en France 8,925 bibliothèques scolaires, dont 8,349 dans les écoles de garçons et

(1) *State Papers*. London. 1855.

576 dans les écoles de filles, possédant environ 1 million de volumes. En quatre ans, près de 500,000 volumes ont été distribués aux bibliothèques annexées aux écoles primaires, et au moment où nous écrivons, le nombre de ces bibliothèques atteint le chiffre de 10,000. L'État a contribué à la dépense pour 471,000 francs ; le reste a été fourni par les communes et les départements, et l'on doit noter que, à chaque session, les Conseils généraux tiennent à honneur de favoriser par des allocations les bibliothèques populaires. Les instituteurs se trouvent être naturellement les conservateurs de ces précieux dépôts ; plusieurs d'entre eux ont même appris à relier, afin d'augmenter la durée des livres qui leur sont confiés (1).

Les résultats que nous venons de signaler sont certainement satisfaisants, bien qu'il ne faille pas oublier qu'il y a en France 37,510 communes, et que plus des deux tiers de ce nombre ne sont point encore pourvues de bibliothèques. Leur augmentation doit suivre la population des écoles, dont les chiffres ci-après feront connaître l'accroissement dans l'espace de trente ans et la situation au 1er janvier 1864 (2) :

Années.	Habitants.	Écoliers.	Elèves par 1,000 habitants
1832	32,560,934	1,935,624	59
1847	35,400,486	3,530,135	99.8
1863	37,382,225	4,336,368	116

La dernière statistique officielle, non encore publiée, donne le chiffre de 4,515,987 élèves et constate que, au 1er janvier 1867, le nombre des enfants des deux sexes admis dans les écoles, dépassait de 60,167 le chiffre du 1er janvier 1866.

(1) Note présentée à S. Exc. M. Duruy, ministre de l'Instruction publique, sur la situation des bibliothèques scolaires. — Paris, Imprimerie impériale, décembre, 1865.

Circulaire du Ministre aux Recteurs, du 8 octobre, dans le *Bulletin du ministère de l'Instruction publique*, du 12 octobre 1867.

(2) *Rapport à S. M. l'Empereur sur l'état de l'instruction primaire ;* 1 vol. — Imprimerie impériale. Paris, janvier 1865.

Le nombre des livres doit donc s'accroître proportionnellement à celui des lecteurs ; mais il est indispensable de se souvenir que ceux-ci présentent deux classes distinctes, les enfants et les adultes, ce qui entraîne naturellement deux catégories différentes d'ouvrages. En effet, sur les 829,555 auditeurs qui, au 1er avril 1867, se pressaient aux cours d'adultes faits gratuitement, le soir ou le dimanche, par 39,466 instituteurs ou professeurs bénévoles, près de 200,000 ont demandé à leurs maîtres de leur donner un enseignement supérieur.

L'Empereur avait devancé, en partie, ce vœu en ce qui concerne les populations rurales, en engageant, par un décret du 12 février 1867, les ministres de l'instruction publique et de l'agriculture à prescrire aux préfets d'organiser l'enseignement agricole dans les écoles normales, les écoles primaires et les cours d'adultes (1).

§ 2. — Choix des ouvrages.

On voit, d'après ce qui précède, combien il est délicat de dresser des catalogues, et quelle variété on doit introduire dans les divers genres de bibliothèques. Il faut trouver des ouvrages bons à placer dans toute bibliothèque communale ou autre, dans la partie spéciale aux enfants des deux sexes au-dessous de treize ans, dans les bibliothèques de jeunes gens de treize à vingt ans, dans les collections particulières pour les jeunes filles, dans celles à donner aux malades des hôpitaux,

(1) *Bulletin du ministère de l'Instruction publique*, vol. VI, p. 9. Paris, 1867. Voir aussi les lois du 31 juillet 1851 et du 21 juin 1865, celle de 1867, et le décret impérial du 2 juillet 1866 et la loi du 28 juin 1833, due à la puissante initiative de M. Guizot, alors ministre de l'Instruction publique et qui a organisé l'instruction primaire en France.

Rapports à l'Empereur, par MM. de Forcade et Duruy, *Moniteur* du 28 août 1867.

Exposé de la situation de l'Empire, p. 148. — Paris, novembre 1867. Imprimerie impériale.

Rapport sur l'organisation de l'Instruction publique, par M. Jourdain, membre de l'Institut. — Paris, 1867.

des infirmeries et des hospices, dans les bibliothèques de l'instituteur, d'un Comice agricole, dans celles des soldats et sous-officiers des régiments, celle d'un simple poste ou corps de garde, celle des marins à terre ou embarqués sur des navires au long cours, celle des naturalistes voyageurs, celle d'une prison d'hommes, de femmes, de jeunes détenus, celle d'une usine affectée à telle ou telle industrie, celle d'une maison de campagne ou d'un grand établissement agricole, pour l'usage des cultivateurs ou des gens de service, et ces ouvrages propres à êtres lus à haute voix dans les ateliers ou dans une veillée de village; enfin, les almanachs, les atlas géographiques, les cartes murales et les publications périodiques qui peuvent se rattacher à l'une ou à plusieurs des bibliothèques que nous venons d'indiquer et à celles des écoles de persévérance (1).

Les matières que renferment les divers programmes sont donc extrêmement variées, puisqu'elles comprennent, depuis la lecture et l'écriture (l'instruction religieuse étant laissée au clergé), tous les premiers éléments des lettres et des sciences usuelles : la grammaire, l'histoire, la géographie, celle de la France et de l'Europe surtout; l'arithmétique, la géométrie, l'arpentage; la tenue des livres, la comptabilité; des notions sur l'administration et sur les actes de l'état civil, pour les futurs secrétaires de mairie; des principes d'agriculture, d'horticulture, de météorologie, d'hygiène, de gymnastique, de dessin, d'industrie, de musique et de chant.

Le choix des livres serait donc bien difficile à exercer si la tâche n'était déjà presque accomplie par des Sociétés privées ou des éditeurs. Pour n'en citer que quelques-uns, disons que M. Paul Dupont a présenté, à un prix modéré, un bon catalogue et un spécimen de bibliothèque communale, renfermée

(1) Voir sur cette excellente institution, imitée de l'Allemagne, la circulaire de S. Exc. M. Duruy, du 30 octobre, dans le *Bulletin du ministère de l'Instruction publique* de novembre 1867.

Voir le Rapport sur l'enseignement en Belgique, en Allemagne et en Suisse, par M. Baudouin, inspecteur général de l'Instruction publique, 1 vol. in-4°. —Paris, 1865, Imprimerie impériale.

dans une solide armoire; que MM. Hachette et Cie ont soumis au public le plan remarquable d'une bibliothèque populaire pour les orphéons et autres sociétés musicales, plan adopté par le comité présidé par M. Michel Chevalier, sénateur, et que la société Franklin et celle de la rue Roquépine ont dressé d'excellentes listes d'ouvrages. Le ministre de l'Instruction publique, avons-nous déjà dit, a voulu guider les fonctionnaires de son département, tout en laissant la plus large initiative aux associations particulières. Un catalogue, qui n'a rien d'obligatoire, a été rédigé par les soins de la commission formée au ministère; il est conçu dans l'esprit le plus libéral. Le ministre a, en outre, assuré le concours de l'État à toute création de bibliothèque populaire. Il faut néanmoins noter que, en évaluant à un minimum de 100 francs les premiers frais pour chacune des 27,000 communes qui n'ont point encore de bibliothèque, le ministre aurait besoin d'une allocation budgétaire extraordinaire de plus de 3 millions de francs, qui devrait être répartie sur plusieurs exercices. Ce chiffre dit assez combien il est nécessaire que les municipalités prennent une large part à la dépense (1).

§ 3. — Mouvement général en faveur des bibliothèques populaires.

Avant de passer en revue les principaux exposants de notre classe, nous exprimerons le regret de ne pas voir plus complétement représenté le pays de Channing et du généreux Peabody, qui, de son vivant, vient de donner plus de 30 millions de francs aux établissements de bienfaisance et d'instruction de la Grande-Bretagne et de l'Union américaine. Chacun sait pourtant le rang élevé qu'eussent tenu les États-Unis dans le sein du Groupe X. Malgré leur abstention, nous croyons devoir mentionner un fait qui vient de se passer à New-York, et

(1) Voir le *Moniteur* du 29 octobre 1867. Circulaires du ministre de l'Instruction publique, adressées aux recteurs, le 24 juin 1862 et 8 octobre 1867.

qui honore au plus haut degré l'administration de cette importante cité. Le maire de la ville a fait ouvrir, le 14 octobre dernier, par un membre du Conseil, assisté d'un officier du consulat général de France et du Président de la Société de bienfaisance française, deux cours du soir pour enseigner l'anglais aux étrangers de langue française, c'est-à-dire à nos nationaux, aux Canadiens, aux Belges et aux Suisses. Les cours sont gratuits, et la municipalité a pris à sa charge les émoluments des professeurs, l'entretien du local qu'elle fournit, et la formation d'une bibliothèque anglo-française. Espérons que les grandes capitales de l'Europe imiteront ce noble exemple (1).

L'Allemagne et l'Angleterre figurent, comme toujours, en première ligne parmi les exposants, et elles ont obtenu de nombreuses récompenses. Nous citerons particulièrement : en Prusse, l'*Union des Artisans* de Berlin, la Société de Duisbourg ; en Autriche, les écoles supérieures ; en Wurtemberg et en Bavière, les écoles ouvrières ; dans la Hesse, la Société de Darmstadt ; la Grande-Bretagne est noblement représentée par la Société de colportage (*Bookhawking Union*), la Société pour la propagation des connaissances chrétiennes (*Society for promoting christian Knowledge*) et par une foule d'autres institutions. En Suède, la Commission royale de Stockholm, et, en Danemark, l'École technique de Copenhague, offrent des collections intéressantes. Il en est de même de celles de la Commission de l'Instruction publique en Suisse. En Espagne, nous citerons les nombreux ouvrages de MM. Carderera et Ramirez, les établissements scolaires des Dames nobles de Madrid et de Barcelone, et nous désignerons spécialement, en Italie, les travaux des Sociétés pédagogiques de Milan et de Turin.

En France, nous devons placer au premier rang les documents et les ouvrages des Sociétés de Mulhouse, du Creusot,

(1) Voir le journal de New-York, le *Courrier des États-Unis*, du 16 octobre 1867.

de Mettray, des Frères de la doctrine chrétienne, de l'Association polytechnique, des Sociétés de Guebwiller, de Colmar, du Rhône; les bibliothèques des Amis de l'instruction, de la Société Franklin; celles des 5e, 8e et 11e arrondissements de Paris, en remarquant que la bibliothèque du 8e, créée en 1866, est peut-être la seule ouverte de 8 heures du matin à 11 heures du soir (le prix de la séance n'est que de cinq centimes, et les ouvrières y sont admises sous la surveillance spéciale de dames constituées en comité auxiliaire et qui prêtent le concours le plus efficace à celui des fondateurs, présidé par M. le comte Sérurier); celles des départements de l'Aisne et de l'Aveyron, de la Société des livres utiles, de la Société protestante des Écoles du dimanche, de la Société israélite de Mulhouse; dans tous nos grands ports militaires, les excellentes bibliothèques des arsenaux et des pupilles de la Marine; celles des écoles régimentaires et une foule d'autres institutions communales ou privées qui n'ont fait que suivre l'impulsion donnée par le ministre de l'Instruction publique, le jour où il demandait à l'Empereur de faire figurer son département à l'Exposition Universelle (1).

Tout en désirant que les éditeurs français imitent le soin que leurs confrères, d'Allemagne et d'Angleterre surtout, donnent à la confection matérielle des livres et des nombreuses gravures dont ils sont ornés, nous devons payer un juste tribut aux efforts de MM. Paul Dupont, Mame, Didot, Hachette, Delalain, Bouchard, Dumaine, Delagrave, Hetzel, Lahure et Roret, et citer, parmi les auteurs, Mme Pape, née Carpentier, deux fois couronnée par l'Académie française et par l'Académie des sciences morales et politiques (2), Jean Macé, Mlle du Puget, MM. Simonin, Robertson, Wagner, l'abbé Bernardi, Turgan,

(1) Rapport du ministre de l'Instruction publique à l'Empereur, approuvé par Sa Majesté, le 8 novembre 1865. — Imprimerie impériale. In-4°, 1865.

Rapports adressés au ministre de l'Instruction publique sur les classes 89 et 90. Paris, 1867, 1 vol. in-8°. — Imprimerie impériale.

(2) Voir le Rapport remarquable de S. Exc. M. Drouyn de Lhuys, sénateur, membre de l'Institut et du Conseil privé. — *Moniteur* du 26 janvier 1868.

Audiganne et Le Play, auteur de la *Réforme sociale*, ouvrage que plusieurs éditions successives ont déjà rendu populaire.

Certes, le rôle de la France ne laisse pas que d'être considérable, et pourtant il faut avouer que, dans la voie que nous parcourons, elle est devancée par l'Allemagne, les États-Unis et l'Angleterre, qui doivent leur succès à l'initiative privée, à cet admirable esprit de *Self Government* propre à la race anglo-saxonne, aux instincts studieux des populations et en grande partie, il faut le dire, aux législations qui rendent, dans tous les pays germaniques, l'instruction obligatoire. Pour ne parler que de la Grande-Bretagne, où nous voyons, en ce moment même, les mots *Compulsory Education* prononcés dans de nombreux *meetings*, rappelons que les actes du Parlement, relatifs au travail et à l'instruction des enfants dans les manufactures et successivement votés depuis une vingtaine d'années, ont eu pour résultat la diffusion de l'éducation parmi les enfants inspectés. Ceux-ci étaient au nombre de 800,000 sous le régime du bill de 1864; les deux actes des 15 et 21 août 1867 étendront les bienfaits d'une inspection sérieuse sur 1,500,000 personnes de plus ; car il faut bien remarquer que le dernier bill s'applique non-seulement aux enfants, mais encore aux jeunes filles et aux femmes elle-mêmes (1).

Il est vrai qu'en France nous possédons, sur cette matière, les lois du 22 mars 1841 et du 4 mars 1851 ; mais personne n'ignore que leur exécution laisse beaucoup à désirer et qu'on trouve à peine dans nos usines, dans nos fabriques, le dixième des enfants sachant lire, malgré les prescriptions du décret impérial du 28 mars 1866 et malgré les paroles de l'Empereur écrivant à M. Duruy : « Qu'il ne veut pas qu'un seul enfant reste privé d'instruction pour cause d'indigence de sa famille. » Cette grave question de l'instruction obligatoire a

(1) *State papers*. London, 1867. Cap. CIII. An Act for the Extension of the Factory Acts (15th August, 1867). Cap. CXLVI. An Act for regulating the Hours of Labour for Childrens, Young Persons and Women, employed in Workshops and for other Purposes, relating thereto (21th August, 1867).

déjà été traitée avec le plus grand développement par S. Exc. M. Duruy, dans un rapport adressé à l'Empereur en 1865, et par l'honorable M. Michel Chevalier, dans la dernière session du Sénat, à propos d'une pétition de la *Société industrielle de Mulhouse*, présidée par M. Jean Dollfus, maire de la ville. Elle est loin d'être épuisée, et bien des personnes pensent, en France comme en Angleterre, que l'adoption de son principe et des conséquences qui en découlent sont peut-être les seuls moyens de vaincre l'inertie de certains parents et de faire pénétrer la lumière religieuse, intellectuelle et morale au sein des classes laborieuses (1).

Quel que soit le zèle des adultes, les enfants forment la vraie pépinière des lecteurs des bibliothèques scolaires, et c'est à les y faire rentrer que doivent tendre les efforts de tous. Nous signalons donc, avec une vive satisfaction, ceux de la Société de protection des apprentis et des enfants des manufactures, Société à laquelle l'appui bienveillant de l'Impératrice n'a pas manqué. Il appartenait à la Souveraine, qui a permis de placer sous sa haute direction les établissements de bienfaisance, de consacrer cette œuvre par son auguste présence et celle du Prince Impérial à la distribution des prix qui a eu lieu le 27 octobre dernier. Paris compte dans ses fabriques plus de 25,000 enfants des deux sexes, âgés de moins de seize ans. Ce n'est pas seulement sur cette ville que s'exerce l'action de la Société, mais aussi sur tous les centres manufacturiers, et il est bien à désirer, en attendant la dissémination de l'industrie, que cette action s'étende prochainement aux centres agricoles, afin de donner aux bibliothèques scolaires et populaires le plus grand nombre de lecteurs possibles.

(1) Rapport à l'Empereur sur l'état de l'enseignement primaire, par S. Exc. M. Duruy, ministre de l'Instruction publique. — *Moniteur* du 6 mars 1865.

Séances du Sénat des 19 et 22 juillet. — *Moniteur* du 23 juillet 1867.

Voir les Rapports de MM. Baudoin et Jourdain, déjà cités.

Statistique de l'industrie à Paris. Enquête faite par la Chambre de commerce, 1 vol. in-fol., p. 31. — Paris, 1864.

Voir au *Moniteur* des 16, 28 octobre et 8 novembre 1867, la description de la fête de l'enfance ouvrière au Palais de l'Industrie, et la liste des prix décernés.

En résumé, si nous nous reportons aux Expositions précédentes, il est aisé de voir combien les bibliothèques, soit d'un ordre élevé, soit populaires, sont partout en progrès. Dans les villes comme dans les campagnes, les dons affluent et les souscriptions volontaires s'organisent; le Gouvernement, les provinces, les municipalités, les associations, les particuliers en créent tous les jours de nouvelles. Tous les jours le nombre de leurs lecteurs augmente et le moment n'est peut-être pas éloigné où l'on verra se réaliser cette pensée philosophique de l'Empereur Napoléon III : « La fondation d'une bibliothèque « dans toutes les communes de France est une œuvre de bien- « faisance et d'utilité publique. »

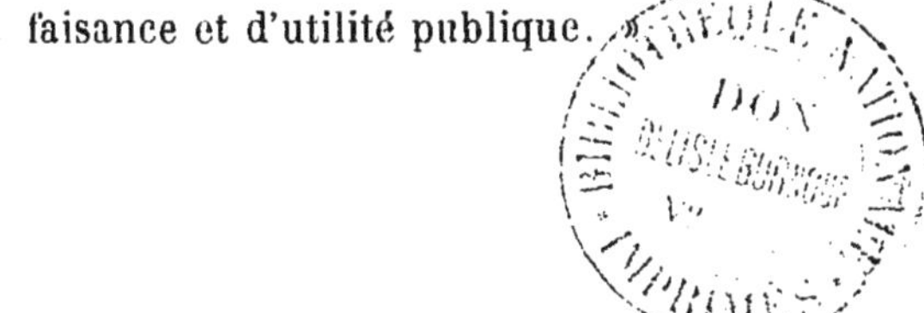

Paris. — Imprimerie Paul Dupont, 45, rue de Grenelle-Saint-Honoré.

www.ingramcontent.com/pod-product-compliance
Ingram Content Group UK Ltd.
Pitfield, Milton Keynes, MK11 3LW, UK
UKHW020500220726
13923UKWH00006B/2678

9 782019 297480